OYAKO DE NENDO MICHI

親子でねんど道

片桐 仁

JIN KATAGIRI

白泉社

はじめに

　「ねんど遊び」という言葉を聞いたときに、どんなイメージを思い浮かべますか？

　「難しそう」「教えるのが大変」なんて思うママやパパもいるかもしれませんね。

　でも、ひとたびねんどをさわってみれば、ぷにぷにした感触と、びよーんと伸ばせる楽しさに、そんなイメージもふっとぶはず。

　絵と違って表現する大きさに限界もなければ、上手に「何か」を描く必要もなし！

ただ思うままにさわって、さらには家にあるもの
に盛り付ければ立派なアート作品になっちゃう！
　雑誌「kodomoe（コドモエ）」で掲載された「お
やこでねんど道」の誌上ワークショップを中心に、
これさえ読めば誰でもねんどで楽しく遊べる一冊
ができました。
　お子さんと一緒に、ねんどの魅力に夢中になっ
てみませんか？　お子さんの新たな才能やセンス
を発見できるかもしれませんよ！

片桐　仁

もくじ

Chapter 2

仁先生に教わる 季節のねんど

Chapter 3

おやこでねんど道 in 片桐家

Chapter

1

ねんど
と
仲良くなろう

　まずは、ねんどをさわって、こねて、伸ばして、ねんど
と仲良くなろう！

　ねんどの特徴を知ることが大切。

　絵の具のように色を混ぜて好きな色を作ることもでき
れば、形を変幻自在に変えることもできるよ。お気に入り
のおもちゃで、かっこいい模様だってつけられるんだ。

　ここで紹介しているワザをひとつずつ覚えていけば、誰
でもねんどアーティストに！

ねんど遊びに欠かせない
基本の材料と道具

ねんど遊びをはじめる前に、そろえておきたい材料と道具を紹介します。すべて文房具店や、100円ショップで手に入ります。

材料

dry 1 clay
ねんど

この本では、すべて樹脂ねんどを使っています。やわらかく、小さい子どもでも扱いやすいのが特徴。着色の手間が省け、色の組み合わせも自由自在。
※他のカラーねんどでもOK。

toy 2 eyes
おもちゃの目

目があるだけで、作品に表情が出てきます。手芸店や100円ショップに行くと様々なサイズが売られているので好みのものを見つけてみて。

craft 3 stems
モール

作ったねんど作品を飾ったり、ねんどを巻きつけて強度をつけたりするのに便利です。切ってねんどにデコレーションしても。

道具

必じゅ品3つ

clay 1 board
ねんど板

ボロボロこぼれるねんどではないので、テーブルでも遊べますが、ねんど板が1枚あると片付けも楽ちんです。

Double 2 Sided
両面テープ

この本で紹介する作品のように、何かにねんどを盛りつけて作品を作るときに、使います。粘着力は普通のものがおすすめ。

spat 3 ula
ヘラ

ねんどを切ったり、模様をつけたりするのに使います。端がぎざぎざになっているものや、直線的になっているものなど種類も豊富。

あると便利なもの3つ

wood 4 glue
木工用ボンド

ねんどは乾燥するとどうしても取れたり、ヒビが入ったりしてしまうので、ボンドで修復します。常備してあると便利です。

super 5 glue
瞬間接着剤

小さなねんどのパーツをくっつけるときには、瞬間接着剤が便利です。扱いが少し難しいので、家族の人がやってあげてください。

hair 6 dryer
ドライヤー

ねんどを早く乾かして完成させたいときには、ドライヤーの風をあてます。やけどしないよう、冷風モードを使いましょう。

まずはさわることからはじめよう！

ねんどにさわってみよう

やわらかくてのびるねんどをこねこねしたり、びよーん
とのばしたりしてみよう。さわるだけでも楽しいよ！

くりかえしねんどにさわっている
と、こんなにのびるようになるよ。
お友達とどちらが長くのばせるか
競争してみよう！

一度さわったら **みーんな**

まぜまぜ
してみる

こねこね
してみる

おもいっきり
ひっぱってみる

にぎってみる

のばしてみる

もっともっと
のばしてみる

ねんどに夢中になるよ！

欲しい色、好きな色は自分で作ろう！

ねんどを混ぜて好きな色を作ってみよう

組み合わせ次第でどんな色でも作れるよ。色の違うねんどを混ぜ合わせると、まるで絵の具のように別の色に様変わり。色の配分をアレンジしてみてね。

赤 ＋ 黄 を混ぜてみよう

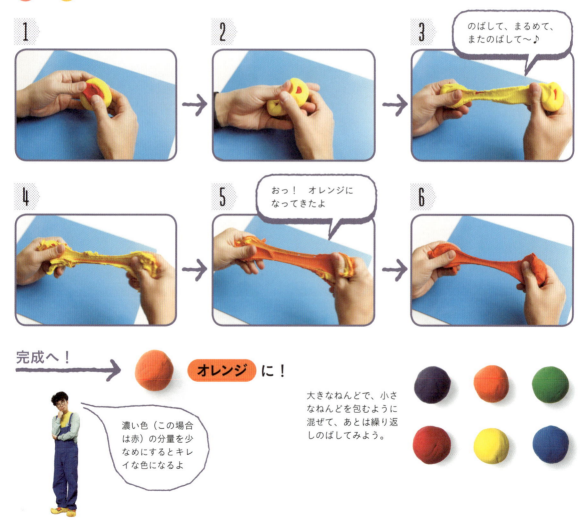

3 のばして、まるめて、またのばして〜♪

5 おっ！ オレンジになってきたよ

完成へ！ → オレンジ に！

濃い色（この場合は赤）の分量を少なめにするとキレイな色になるよ

大きなねんどで、小さなねんどを包むように混ぜて、あとは繰り返しのばしてみよう。

他には、こんな色もできるよ！

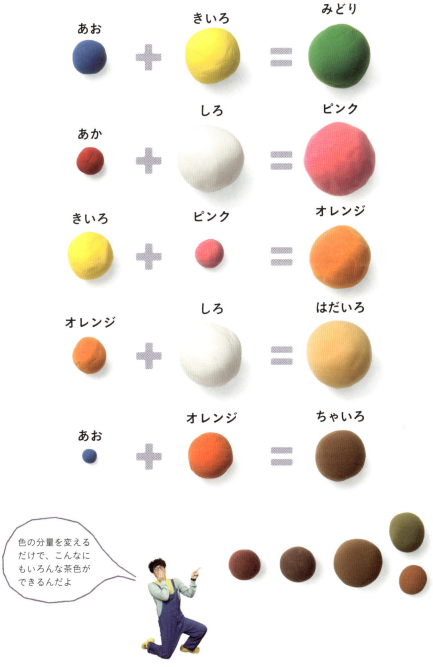

あお ＋ きいろ ＝ みどり

あか ＋ しろ ＝ ピンク

きいろ ＋ ピンク ＝ オレンジ

オレンジ ＋ しろ ＝ はだいろ

あお ＋ オレンジ ＝ ちゃいろ

色の分量を変える
だけで、こんなに
もいろんな茶色が
できるんだよ

ねんどを盛りつける前の大事な下準備

土台に 両面テープ を 貼りつけてみよう

土台の
しょうゆさし

イチからねんど作品を作るより、何かに盛り付けて楽しむのが片桐さん流。その前に、両面テープを貼って準備をしよう。

そのまま直接ねんどを盛りつけると取れやすいので、まずは両面テープを貼るよ

ぐるぐるっと両面テープを巻きつける。
重なっても問題なし。

でこぼこしているところは、爪で押しつけるようにしてしっかりと貼る。

完成！

両面テープを貼りおわったら、ねんどを盛ってみよう！

○

ねんどをしっかりと押しつけて！

×

軽くくっつけると取れちゃうよ！

どんなものでもアート作品に変身するよ

家にある身近なものにねんどを盛りつけてみよう

家にはねんど作品にぴったりなものがたくさんあるよ。使わず眠っているものに、ねんどを盛ってアート作品に変身させちゃおう。

きりふき

ソースボトル

つめかえ用ボトル

じょうろ

写真たて

めがねケース

ジャムのびん

選び方のコツ

1 最初は盛りつけやすい円柱のものを

2 突起がついているとそれだけで不思議な形に

3 立体物が作れるようになったら平面のものにチャレンジ

ねんどにいろんなものを押しつけてみよう

BASIC
5
FIRST LESSON

家にある**道具**を使って ねんどに**もよう**を つけてみよう

誰でも簡単に、道具を押しつけるだけでねんどの表面にカッコイイもようを つけられるよ。作品がより立体的に仕上がるよ！

おもちゃの タイヤ

ひも

石

ラップ

いろいろ 試してみると 楽しいよ！

ボタン

木の板

竹串

すべりどめ

エイのウロコ
のスタンプ

ねじを転がす

おもちゃの
ブロック

精密
ドライバー

STEP
BASIC LESSON

1

女の子におすすめの定番モチーフ

ヒモでリボンを作ろう

材料　ねんど
道具　ねんど板

まずはねんどの基本、ヒモづくりをマスターしよう。ヒモ2本でかわいいリボンができるよ

1　手のひらでねんどをコロコロしてヒモを作る

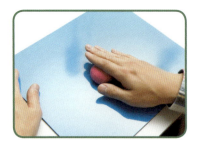

ねんどを、手のひらで転がしてヒモ状にする。同じ長さのものを2本作る。

2　1本のヒモを8の字にする

1本のヒモを8の字にして、もう1本を半分の長さにちぎる。

3　リボンの結び目を作る

ちぎったヒモの片方をもう一方にひっかけて結び目を作る。ひっくり返して8の字の中央につける。

ヘラで切り込みを入れるとラブリーに！

SIMPLE AND
BEAUTIFUL RIBBON

インパクト抜群のペロペロキャンディ

ねじねじヒモで
キャンディを作ろう

材料　ねんど
道具　ねんど板

派手な色のねんど
を組み合わせると
楽しい見た目に。
竹串は家族の人に
さしてもらおう！

1　2色のヒモを
ねじり合わせる

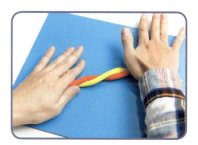

ちがう色のヒモを2本作る。両手でね
じり合わせるようにして1本にする。

2　うずまきのように
ぐるぐる巻く

端からぐるぐると巻いていく。ずれな
いようしっかりと巻きつけて。

3　仕上げに竹串をさす

真ん中からゆっくりと竹串をさす。竹
串が上から出てしまわないように注意。

キャンディ屋さん
ごっこをしてみない？

CREATIVE AND
JOYFUL CANDY

ドット柄がチャームポイント

ヒモとつぶつぶで へびを作ろう

材料　ねんど
道具　ねんど板、ヘラ

指先でねんどをコロコロして小さなつぶつぶを作ろう。表面に貼りつけると立体的に！

1　太めのヒモを作る

太めのヒモを作り、へびの胴体にする。長さはお好みでOK。

2　へびの口を作る

ヘラでヒモの先端に三角の切り込みを入れてへびの口にする。

へびの胴体とは、反対色のねんどでつぶつぶを作ると元気いっぱいの見た目になるよ！

3　小さなつぶつぶを作る

ねんどのかたまりから、ほんの少しちぎり、指でコロコロ転がしてつぶ状にする。いろんな色で作る。

4　胴体につぶつぶを
　　貼りつける

3で作ったつぶつぶをへびに貼りつけ
る。貼りつける場所はどこでもOK。

5　目を作る

へびの目を作る。白と黒のねんどでつ
ぶつぶを作り、口元近くに貼る。

6　へびのベロを作る

赤いねんどで、細くて短いヒモを作る。
端をヘラで切り取り、口元に貼る。

つぶつぶはさまざ
まな色、大きさの
ものを作るとおも
しろいよ！

7　仕上げる

ヘラの先で口元にあとをつけ、鼻の穴
を作る。胴体をくねっと曲げる。

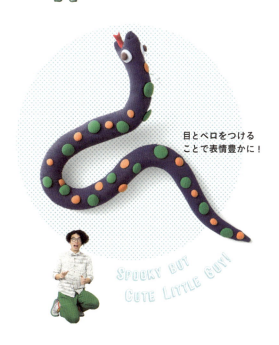

目とベロをつける
ことで表情豊かに！

SPOOKY BUT
CUTE LITTLE GUY!

まっすぐ線をひく練習をしよう！

ヘラ使いをマスターして口を作ろう

材料　ねんど
道具　ねんど板、ヘラ

ニカっと大きく笑った口が好きなんだよね。ヘラで白のねんどに線をひくと歯になるよ

1 くちびるの形を作る

赤のねんどでくちびるの形を作る。そこに棒状にした白のねんどをくっつける。

2 線を入れて歯を作る

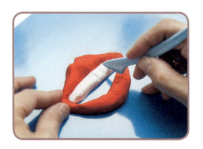

ヘラで白のねんどにタテの線をひく。前歯を他の歯より少し大きくする。

3 仕上げる

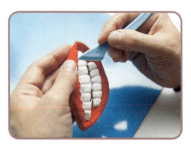

くちびるにもヘラでタテ線をひいて、シワを作るとよりリアルに。

今にも笑いながらしゃべりだしそう！

THIS MOUTH FIGURE IS ALWAYS SMILE AT YOU

ハロウィンの季節には欠かせない

モールを使って飾れる ガイコツを作ろう

材料　ねんど、モール
道具　ねんど板、ヘラ

ガイコツも口と同じく大好きなモチーフ。ざらざらの肌ざわりがポイントだよ！

1 モールにねんどを くっつける

モールの端を丸め、丸めた部分にガイコツの形にしたねんどをくっつける。

2 目の穴や歯の線を入れる

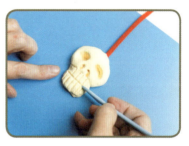

指で目の穴を、ヘラで鼻の穴をあける。また、歯に見えるように線をひく。

3 仕上げる

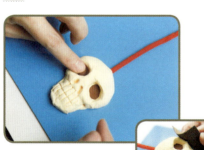

目と鼻の穴に茶系のねんどをつめる。仕上げに表面に紙やすりを押しつけて、ざらざらとさせる。

部屋に飾って家族をおどろかせよう

CREATING CLAY SKULL FIGURE IS
MY FAVORITE THINGS

23

小さくちぎったねんどを重ねて重ねて……

ちぎってちぎって
表札を作ろう

材料 ねんど、木の板
道具 ねんど板

ねんどを何重にも
重ねるようにして
貼りつけていくと、
立体的になってか
っこいいよ！

1 ちょっとずつ
ねんどをちぎる

適当な大きさにねんどをちぎる。指で
つぶしてなるべく平べったくする。

2 調整しながら
文字にしていく

木に直接貼らずに、ねんど同士を重ね
ながら文字を作っていく。

3 仕上げる

全体のバランスを整えて、完成。はが
れやすい場合はボンドで貼りつけて。

部屋のドアや机に
飾ってみよう

ORIGINAL AND
VIVID NAME BOARD

ふたの形をサカナのウロコにする驚きアイデア

ペットボトルのふたで、サカナを作ろう

材料　ねんど
道具　ねんど板、ヘラ、
　　　ペットボトルのふた

ふたの形のあとを重ねてつけると、不思議とサカナのウロコに見えてくるよ!

1　サカナの形を作る

ねんどを2色使って、サカナの形を作る。1色より本物っぽく仕上がる。

2　ペットボトルのふたであとをつける

ペットボトルのふたであとをつける。尾ビレにはヘラで線を。

3　ヘラを使って仕上げる

胸ビレ、背ビレをつけてヘラで線を入れる。丸くしたねんどで目を作る。

大海原を泳ぎだしそう!

FRIENDLY AND COOL SHAPE OF FISH

STEP
8
BASIC LESSON

これまでのワザをすべて使って

しょうゆさし
かいじゅうを作ろう

材料 ねんど、しょうゆさし、
両面テープ、おもちゃの目玉
道具 ねんど板、ヘラ

ステップ1〜7までのテクをおさらいして、かいじゅうを作ってみよう

土台はコレ！

1　両面テープを貼る

全体に両面テープを貼る。貼りかたは P.14 を参考にしてね。

2　目玉をつけてみよう！

おもちゃの目玉をつけると顔に見えるので、作りたいものが浮かんでくるよ。

3　耳と眉毛を作る

目のまわりをデコレーションして目力アップ。動物らしくなってくるね。

4　胴体部分にねんどを
　盛りつける

お腹まわりにねんどを盛る。オレンジのねんどで手足としっぽも作る。あれ？　リスみたいになってきた！

5 ヘラで切り込みを入れて指を作る

4で作った足に、ヘラで切り込みを入れて指にする。手も同様にする。

6 ヒモ2本をねじってツノを作る

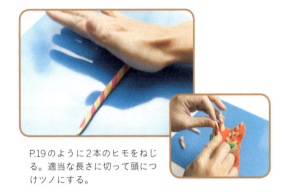

P.19のように2本のヒモをねじる。適当な長さに切って頭につけツノにする。

7 しっぽに歯をつける

しっぽにP.22のように歯を作る。ここにも目をつけて顔が2つあるかいじゅうに！

8 仕上げる

手順6で作った2色のヒモの残りを細かく切り、手足につけて爪にする。

リスのような
つぶらな顔をした
かいじゅう！?

ACTIVE AND
CUTE CREATURE

Chapter

2

仁先生に教わる季節のねんど

「kodomoe」で掲載していた、誌上ワークショップの様子を大公開。片桐さんが「仁先生」になって、お友だちに季節のねんど工作を教えていくよ。

仁先生の作品や、お友だちが作っている様子を参考に、自分だけのオリジナル鯉のぼりや、ハロウィンの仮面、クリスマスリースを作ってみよう。

家にある身近なものにねんどを貼りつけるだけでできるから、簡単でうれしいね。

鬼は外！福は内！

手づくりの枡で豆まき！
節分の豆まき用枡

材料
ねんど
おもちゃの目玉
針金

道具
ねんど板
ヘラ
ペンチ

土台はコレ！

枡
100円ショップや雑貨店で購入できる。木製よりもプラスチック製の方が軽くておすすめ。

ワークショップに
参加したくれたふたり

菊池柱賀くん
ドッジボールが大好き。弟のお世話もする頼れるお兄ちゃんです。

松廣芽依ちゃん
ピアノを毎日練習中。今は友達とのお手紙交換にはまっています。

下準備！

1. ねんどを貼りつけやすいように、枡の内側をのぞくすべての面に両面テープを貼る。

WHAT? AND HOW?

ピンクの
粘土がいい！

おばけを
作りたい！

針金で脚を作る！

2. 100円ショップでも購入できる1.5mm程度の細い針金を数本束ねて2本脚の形を作る。

3. 自立するよう、バランスを整える。（2.〜3.は危ないので、家族の人にやってもらおう）

ヒモを作る！

4. 好きな色のねんどをねんど板の上で転がして、ヒモを作る。別の色でもう1本作る。

ヒモをネジネジする

5. 4.で作った2本のヒモをねじり合わせて1本にする。違う色を組み合わせて同じものを何本も作る。

お花を作りたいな！

最初に作ったピンクのねんどを何度ものばしてからお花の製作にとりかかります。

強そうな色って何色だろう？

とにかく強そうな見た目にしたい柱賀くん。ねんどの色にもこだわります。

飾る！

6. 5.で作ったヒモを枡のまわりにすき間ができないよう注意しながら貼りつけていく。

目玉をつける

7. 好きな場所におもちゃの目玉をつける。モンスターをイメージして、今回は3つもつけてみたよ。

どんどん作るよ！

キバを作る

8. 白いねんどでやや大きめなつぶつぶを作り、キバを作る。枡のフチに貼っていく。

TIPS

先をとんがらせると、するどいキバになるよ！

ここがポイント！

1 むずかしかったら針金の足はなしでもOK

2 カラフルなヒモをたくさん作ろう

3 貼る面が小さいので立体的にしよう

脚を飾る！

仕上げる

9. 枡の底に足をテープで固定する。脚にもねんどを貼りつけられるよう、両面テープを巻きつける。

10. 脚にもねんどをつけて針金が完全に隠せたら完成！ 足の甲の部分を大きくするとバランスがよくなる。

どんどん
立体的に
なってきた！

片桐さんが芽依ちゃんに花びらの作り方をレクチャー。枡からダイナミックにはみ出して3Dみたい！

完成!!
GOOD JOB!

MEI'S WORK
お花とリスで囲んだメルヘンな枡。節分の豆を持っているリスの手元に注目。

JUHA'S WORK
ワニが枡を背負っていておみこしみたい。後ろには大きなクモもついてるよ！

32

オリジナルの枡で、
鬼をやっつけろ〜！

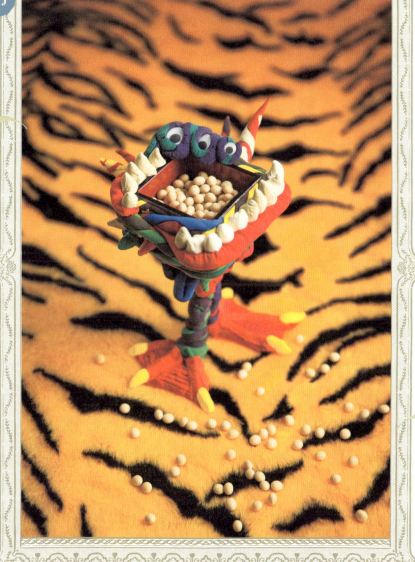

自分だけの空想のモンスター！
命名、妖怪・鬼ころし！

テーブルの上で自立する、カクテルグラスのような豆まき用枡。キバやツノをいっぱいつけて、鬼と戦う最強のモンスターのイメージに。

こどもの日に作ってみよう

リアルなウロコがポイント
ペットボトル鯉のぼり

材料
ねんど
おもちゃの目玉
ボタンやビーズ
木ネジ2個

木の棒
（または幅2cm
程度の角材）

道具
ねんど板
ピンバイス
（穴を開ける道具。
キリなどで代用可）
プラスドライバー

土台はコレ！

ペットボトル
500mlタイプのもの
が扱いやすい。よく
洗って、中を乾かし
てから使おう。

下準備

WHAT? AND HOW?

尾ビレを
かっこよく
したいな

ねんどがふわ
ふわしてる！

1. ふたをはずしたペットボトル全体に
両面テープを貼り、本体にねんどを
盛っていく。

尾ビレを
つけよう

2. ペットボトルの底に、尾ビレをつ
ける。大きな尾ビレにするとぐっ
と鯉のぼりらしくなる。

目をつけて
みよう

3. ペットボトルの先端のほうにおも
ちゃの目玉をつける。目の周りを濃
い色のねんどで囲むように盛る。

ワークショップに
参加してくれたふたり

たけなかじゅんのすけ
竹中淳之助くん

お絵描きや工作が大
好き。漫画を描くこ
とにハマってます。

いとうらな
伊藤蘭那ちゃん

鉄棒が得意な元気な
女の子。将来の夢は
アイドルになること！

1 尾ビレを
しっかりつける
だけで鯉になる

2 ウロコは
クッキーのように
型抜きしよう

ここが
ポイント！

ウロコを
作ろう

**おうぎ形に
しよう**

ふたの上半分を使っ
て、おうぎ形になる
ようにくりぬいて重
ねていく。

4. ねんどをのばし、ペットボトルのふ
たで型抜きする。同じ色だと目立
たないので、違う色のものも作る。

目に差し色を
入れる

7. 好きな色のねんど（派手な色がお
すすめ）をヒモ状にし、目のまわ
りを囲むように盛りつける。

ウロコを
貼ろう

**ウロコの色は
ランダムに**

尾ビレを
リアルに

6. ねんどを転がしてヒモ状にし、尾
ビレにふちどるように貼りつける。
タテ線も入れる。

5. 4.でくりぬいたウロコを貼ってい
く。一部をめくるように上向きに
すると立体感が出る。

FOCUS

ヘラでより リアルに

ボタンで 仕上げ

8. 突起がついているタイプのヘラで、目のまわりに模様をつける。表情がよりリアルに。

9. 鯉の頭部についている穴をボタンで表現する。アクセントになるよ！

> 俺のよりアーティスティックじゃん！

ふたりとも好きな色をたくさん使って見ているだけで楽しくなる鯉のぼりを作りました。

完成！！
GOOD JOB!

RANA'S WORK

ボタンやおもちゃのパールをたくさんつけて、まるで宝石のよう。

JUNNOSUKE'S WORK

尾ビレが大きくてカッコイイ鯉のぼり。カラフルなウロコがポイント。

POINT

ピンバイスでふたに2か所穴を空け、木の棒に木ネジで留める。ふたを鯉のぼり本体につけて完成。

大きな空を楽しそうに
泳いでいるみたい

端午の節句のお祝いに、
部屋に飾ろう

木の棒をつけて飾ることで、まるで空を泳いで
いるかのよう。小さなペットボトルでサイズ違い
の鯉のぼりを作って一緒に飾るのもいいですね。

夏の自由工作にぴったり

カリブー（トナカイ）のブーツでカリブーツ！
ブーツ型の貯金箱

材料
ねんど
ヤクルトの容器
おもちゃの目玉
工作用紙
ボタン

道具
ねんど板
ヘラ
布製ガムテープ
両面テープ

土台はコレ！
空き缶（250㎖）
下準備として缶の上部を缶切りで取りのぞき、切り口にガムテープを貼る。

まずふたを作ろう

1. 工作用紙に缶の底をあてて、ペンで線をひき、はさみで切る。同じものを2枚作る。

真ん中に500円玉が入るくらいの長方形の穴をあける。

2枚貼り合わせてふたにする。ガムテープで缶に貼りつける。

ワークショップに参加したくれたふたり

荻野晃太くん
（はぎのこうた）
お花の教室に通っているほどお花に興味しんしん。工作も得意。

原クレアちゃん
（はら）
動物が大好きでライオンやトラの赤ちゃんを飼ってみたいんだって！

しっかり固定して

土台を作ろう

2. ヤクルト容器の底に、両面テープを貼り、缶の下にガムテープで貼りつける。

両面テープをはる

3. 缶とヤクルト容器のまわりに両面テープを巻きつける。全体にしっかりと貼る。

目を
つけよう

5. おもちゃの目玉をつけると、愛きょうのある生き物に見えてくるよ。

**のばすの
楽しい〜！**

緑と黄色を混ぜてきれいな黄緑のねんどを製作中。

**ボタンを
貼りつけよう**

大好きなお花モチーフボタンを見つけて夢中で貼りつけます。

カラフルに
する

6. 茶色のねんどのままだと地味なので、いろんな色を組み合わせてねんどをさらに盛りつける。

全体に
ねんどを

4. あとは好きなように飾るだけ。好みのねんどを全体に盛りつけよう。

羽を
つけよう

7. カリブーのような立派なツノをつけよう。鮮やかな色のねんどで注目度アップ。

**ここが
ポイント！**

1 ガムテープで
しっかりと固定する

2 まず目をつけて
デコレーション

3 ボタンやモールを
使って鮮やかに

モールを
つける

8. 壊れないように、ツノの中にモールを通して補強する。ねんどと似た色のものにすれば目立たないよ。

**個性豊かなブーツ
になってきたね！**

あごを作ろう

9. ブーツの下に大きなあごをつけることに。P.22のようにヘラで線を入れて、歯を作っていく。

仕上げにヒモを

10. P.18のようにヒモとリボンを作り、ブーツのヒモにする。ヒモを交差させると本物っぽくなるよ。

ストラップつきのブーツにしてみたら？

おしゃれなクレアちゃんにはヒモではなく、ストラップつきのブーツを提案。どんな仕上がりになるかな？

完成!! GOOD JOB!

KOUTA'S WORK
お花畑みたいなブーツ。下の大きなボタンはタイヤをイメージしました。

CLEA'S WORK
モールやボタンがついたストラップつきのブーツ。ビタミンカラーで元気よく！

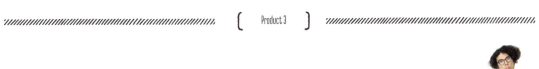

大きな口にガブっとかまれちゃいそう
野性味あふれるカリブー

オリジナルな貯金箱に
おこづかいを貯めよう！

カリブーのツノの部分を耳に
すれば、同じ手順でうさぎや
犬も作れるよ。お気に入りの
1足を完成させよう。

41

これを持って
キャンプに行こう！

イカと一緒に夜を楽しもう
LEDランタン

材料
ねんど
おもちゃの目玉
モール

道具
ねんど板
両面テープ
菜箸

土台はコレ！

LEDランタン
ホームセンターにて
1000円程度で購入
できる。軽くて持ち
運びやすいものを。

何を
作ろっか？

**ワークショップに
参加したくれたふたり**

さくまたすく
佐久間祐くん
体操や水泳を習って
いて元気いっぱい。
妹思いのやさしいお
兄ちゃん。

下準備

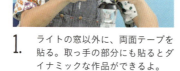

すずき
鈴木すみれちゃん
歌や踊りが大好き。
大の仲良しのおじい
ちゃんと一緒に演奏
もするんだって。

1. ライトの窓以外に、両面テープを
貼る。取っ手の部分にも貼るとダ
イナミックな作品ができるよ。

ねんどを
つける

2. P.13を参考にねんどを混ぜて好き
な色を作る。両面テープの上から
盛りつけていく。

目をつける

3. ライトが隠れない位置に、目玉を貼る。サイズも数も気にせず、自由に貼ろう。

足を作る

4. イカの足を作る。粘土をコロコロと転がしてヒモを作る。同じように10本作る。

クネクネの足を表現しよう

モールを入れる

5. イカのように長い足をつけるときは壊れやすいので、中にモールを入れて強度をつける。

つぶつぶを作る

6. P.20のヘビのようにつぶつぶをいろんな色でたくさん作る。サイズにばらつきがあってもOK。

菜箸でくっつける

7. 5.の足に6.のつぶつぶを菜箸で押しつけるようにくっつける。まさに吸盤のよう！

ここがポイント！

1 足の長さや太さはバラバラでOK

2 つぶつぶはたくさん作ろう

3 ライト部分を隠さないようにね

表情をつける

8. まぶたを盛り上げ、赤の眉毛を追加。眉間にシワを寄せて強面なイカに。好みで口もつけよう。

足をカールさせる

9. 足をくるくるとカールさせる。足の長さはバラバラになるよう不揃いにするのがおすすめ。

仕上げる

10. 最後に全体のバランスをみて吸盤を追加する。ねんどが乾燥してきてしまったらボンドでつけても。

すき間を埋めるようにねんどを盛ろう

小さなねんどのパーツを作ってひとつひとつ貼っていく祐くん。すみれちゃんはバラをたくさん作りました。

SUMIRE'S WORK

裾が広がったドレスのような作品。色とりどりのバラの花をちりばめてみました。

完成!!
GOOD JOB!

TASUKU'S WORK

青を基調としたモザイク画のような作品。色の組み合わせがキレイ!

バーベキューやキャンプでの
相棒になってくれるよ

おばけがびっくりして
逃げ出しちゃうかも!?

夜に光り輝くイカ星人の完成。ライトの縦長の形
を活かした作品になりました。リアルな吸盤や足
のカーブなど仁先生のこだわりがつまっています。

今年のハロウィンは
これに決まり

手づくりマスクで鳥人に変身!?
変身マスク

材料
ねんど
おもちゃの目玉

道具
ねんど板
両面テープ
ヘラ

土台はコレ!

マスク
付属のヒモで長さ調
節できるタイプのマ
スクを使用。手芸店
で購入可能。

下準備

まずは
つけてみたく
なっちゃう

ネコに
変身☆

1. マスクの表面全体に
両面テープを貼りつ
け、ねんどを盛りつ
けやすくする。目の
まわりも丁寧に。

WHAT? AND HOW?

好きな色の
ねんどを作る

2. ねんどを混ぜ合わせて、好きな色
のねんどを何色か作る。P.13を参
考にしてね。

ワークショップに
参加したくれたふたり

千葉悠真くん
ちば ゆうま

ブロック遊びや工作
が得意。弟のために
作品を作ってあげる
ことも。

植村杏都ちゃん
うえむら こ と

ぬり絵やゴム製のブ
レスレットづくりに
はまっているおしゃ
れな女の子。

羽を作る

3. 2.のねんどで2cm程度の羽をたくさん作る。米粒のように先を少しとんがらせるのがポイント。

それぞれの個性が出てきたね！

ねじねじのヒモを作る杏都ちゃんとひたすら貼りつける悠真くん。

くちばしをリアルに

8. オウムを飼っている仁先生のこだわりが爆発！　くちばしはオレンジ色に変更してよりリアルに。

羽をグラデーションに

4. 羽の色がグラデーションになるよう、マスクに貼りつけていく。はがれないよう、ギュッと押す。

ここがポイント！

1 羽はなるべくすべて同じ大きさに

2 羽はしっかりと押しつけるように貼る

3 ねんどを混ぜていろんな色を作ろう

目玉をつける

7. 5.の頭におもちゃの目玉と、トサカをつける。トサカにはいろんな色のねんどを使って派手にしよう。

鳥の頭を作る

5. 鳥の頭を作る。カラフルな羽のインパクトに負けないよう、頭はマーブル模様に。

くちばしを作る

6. 好きな色のねんどで鳥のくちばしを作る。口を開けているように作るとダイナミックに。

頭をくっつける

9. 5.〜8.で作った鳥の頭をマスクの中心部分にくっつける。一気に鳥に見えてきたぞ！

仕上げる

10. 全体のバランスをみながら、残りの羽を貼りつける。羽づくりは家族の人に手伝ってもらっても◎

おでこの部分を立体的にしてみよう

TIPS TIME!

仁先生の鳥マスクのように、おでこの中心部分を立体的にするようにアドバイス。どんな仕上がりになるのかな？

完成!! **GOOD JOB!**

KOTO'S WORK

好きな色がたくさんある杏都ちゃん。マーブル模様もキレイにできました。

YUMA'S WORK

シックな色でまとめて大人っぽく。つぶつぶがついたおでこはブッダみたい！

マスクをつけて
かっこよくキメよう！

装着してもよし、部屋に飾ってもよし、
なマスクができました。

マスクを装着した途端、なんだかあやしげな雰
囲気に。みんなもオリジナルの仮面で、思い思
いのキャラクターになりきろう。

好きな動物を作ろう

赤×緑のカエルとクリスマスを迎えよう
クリスマスリース

材料
ねんど
おもちゃの目玉
モール

道具
ねんど板
両面テープ
ヘラ
竹串

土台はコレ!
発泡スチロール製のリース
手づくりリースの土台は、いろんな種類があるが、軽くてねんどを盛りやすい発泡スチロール製がおすすめ。

WHAT? AND HOW?

ワークショップに参加したくれたふたり

マキロイ龍之介くん
電車とサッカーに夢中の男の子。4つ下の弟とも大の仲良し。

下準備

1. リースの表面に両面テープを貼る。飾るとき用のモールを通す穴を竹串で空けておく。

両面テープ貼るのもおもしろいね

何を作ろっかな〜?

八木唯花ちゃん
絵や工作が得意で、お出かけ先でもスケッチを欠かさない。

ヒモを作る

2. 2色のねんどでヒモを作る。P.19のキャンディのように、2本をねじって1本のヒモにする。

ねんどを貼りつける

4. 2.のヒモをリース台に貼りつけていく。線がななめになるように巻きつけるとかっこいいよ！

一緒に
作ると刺激
しあえて
いいね！

目をつける

3. イキイキとした作品を作る上で欠かせないおもちゃの目玉は、ここでも登場。好きな場所につけてみて。

**人間の顔が
作りたいな！**

理想の顔を作るため、目の位置をなんども微調整する龍之介君。真剣な顔つき。

**私はネコに
したい！**

マゼンタと白を混ぜたねんどで、ピンクのネコを作る唯花ちゃん。

唯花ちゃんに「すき間なくねんどを盛ろう」とアドバイスしている片桐さんの言葉を真剣に聞いている龍之介君。

蝶ネクタイを作る

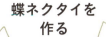

5. カエルの顔まわりをデコレーションする。ねんどを混ぜ合わせて、蝶ネクタイを作る。

ヒダを作る

6. 好きな色のねんどでヒモを作る。端から指で押しのばし、ヒダを作る。同じものを8個程度作る。

あれ？
バラができた

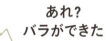

7. ヒダを作ったねんどを、端からくるくると巻いていく。そうするとキレイなバラになるから不思議！

**ここが
ポイント！**

1 赤と緑を組み合わせてクリスマスっぽく

2 はみ出てるところはしっかりつける

3 最後にモールを忘れずに

ゴージャスな雰囲気に

8. 5.~7.で作った蝶ネクタイとバラを、カエルの顔まわりに貼る。クリスマスらしい、華やかな雰囲気に。

仕上げる

9. 1.で空けておいた穴にモールを通し、壁にひっかけられるように輪っかを作ったら完成！

髪や耳はしっかりとつけてね！

リースからはみ出るところにねんどをつける場合は、取れやすいので、注意が必要。「ぎゅっとつけようね」

TIPS TIME!

完成!!
GOOD JOB!

RYUNOSUKE'S WORK

大きな口とやさしそうな眉毛がポイントの元気いっぱいな男の子のリース。

YUIKA'S WORK

こだわって作ったピンク色がキュートなネコのリース。リボンがおしゃれ。

クリスマスが待ち遠しいね！

好きな動物や、好きな色をイメージして作り始めよう

家に来てくれたサンタさんを出迎えてくれる愉快なカエルのリース。みんなも手づくりのリースを作ってお友だちをびっくりさせちゃおう。

53

ヒモづくりはねんどの基本だよ

お花に負けないインパクト！
ヒモで作る花瓶

材料
ねんど
おもちゃの目玉
ビーズやボタン

道具
ねんど板
両面テープ
ヘラ

土台はコレ！
透明の瓶
100円ショップで購入できる細身のタイプがおすすめ。プラスチック製でもOK。

**ワークショップに
参加したくれたふたり**

佐野莉士くん
さ の り ひ と

絵本「バムとケロ」シリーズと、ブロック遊びが大好きな男の子。

遠藤小羽ちゃん
えんどう こ はね

折り紙とあやとりがマイブーム。お手紙を書くのにもハマってます。

下準備

WHAT? AND HOW?

1. 瓶に両面テープを貼る。ムラがないようにしっかり貼りつけると、ねんどが取れにくい。

ヒモを作る

2. 好きな色のねんどのかたまりを、ねんど板の上でコロコロ転がしてヒモ状にする。何本も作る。

ピンクのヒモが作りたい！

僕もかっこいいのを作るぞ！

ねんどを巻きつける

好きな色を組み合わせたいな

大きいヒモできたぞー！

3. 両面テープを貼った瓶に、ねんどのヒモを巻きつけていく。巻きつける向きは自由だよ。

ヒモでもようを作ろう

ここがポイント！

1 ねんどはコロコロ転がすだけでヒモに

2 ヒモの長さや太さはそろえなくてOK

3 いろんな色を使ってカラフルに

目をつけよう

4. ヒモを巻きつけた上に、おもちゃの目玉をねんどに埋めるように貼る。場所はどこでもOK。

目玉をねんどで囲んで目力アップ

目のまわりをヒモで囲む

5. 愛きょうのある顔に。めがねにしてもおもしろいかも！

ひもをねじり
合わせる

6. 2色のヒモを、ねじり合わせて1本にする。マーブル柄のヒモも作ってみよう。

ヒモを輪っか
にする

7. 6.で作ったヒモの一部を輪っかにして瓶の上部につける。ゴージャスな雰囲気！

どんどん
盛りつけよう

8. 前と後ろをまったく別の表情にするのもあり。後ろには小さな目をたくさん貼って妖怪風に。

歯をつけて
完成

9. 前にはP.22のように白い棒状のねんどにヘラで線を入れて大きな歯をつける。表情が豊かになるよ。

完成!!

GOOD JOB!

RIHITO'S WORK

ヒモづくりにハマった莉士くん。細いヒモをたくさんあしらった繊細な作品に。

KOHANE'S WORK

お花まで手づくりした渾身の作品。「おばあちゃんに見せてあげたいな」

母の日にお花と一緒に
プレゼントするのもいいかも

前と後ろでガラリと雰囲気が違う花瓶に仕上が
りました。後ろには目がなんと５つ！ ヒモの可
能性を感じさせてくれる作品です。

Chapter

おやこで
ねんど道
in
片桐家

　「kodomoe」の「親子でねんど道」ワークショップを、
なんと片桐家で開催!
　仁先生の息子さん2人(太朗くん12歳、春太くん5歳)
がそれぞれ自由に、そして個性を爆発させた作品を作りあ
げていく様子を完全収録。
　1章と2章で、ねんど工作のワザを身につけたら、太朗
くんと春太くんのように、自分の好きなものにねんどを貼
りつけて作品を作ってみるのも楽しいよ。

ハケとバナナケースにねんどを盛りつけてみよう

片桐太朗くん（12歳）　片桐春太くん（5歳）

Part 1

PAINT BRUSH

BANANA CASE

ふたりが100円ショップで見つけてきたハケとバナナケースに、ねんどを盛りつけて作品を作ります。

太朗くんはコレ！

春太くんはコレ！

process 1 TARO HARUTA 両面テープを貼りつけよう

土台に両面テープを貼るところからスタート。春太くんはお父さんにお手伝いしてもらいながら作業に没頭中。

おでこに
貼ってみたよ！

process 2 HARUTA バナナケースには切りこみを入れよう

バナナケースがひらくように、カッターで切りこみを入れる（必ず家族の人にやってもらおう）。

process 3 [HARUTA] 目をつけてみよう

好きな場所におもちゃの目玉を貼りつける。春太くんは大きめのものをセレクト。

process 4 [TARO] [HARUTA] 次に、ねんどをこねこね

好きな色のねんどをこねこね。何度かのばしてやわらかくしてからの方が扱いやすい。

お兄ちゃんが
作るものに
興味しんしん！

process 5 [TARO] [HARUTA] ねんどを盛りつけよう

両面テープを貼った上に、ねんどを盛りつける。「筋肉もりもりのスーパーマンみたい」と太朗君。

process
6 HARUTA
お父さんから
アドバイス

春太くんは、好きな色のねんどの作り方を教えてもらってるよ。「黄緑がほしい～」

「こうやって立たせるようにすればかっこいいんじゃない?」とパパからアドバイス。

process
7 TARO
お父さんから
アドバイス

ねんどに慣れてきて、集中してきた春太君。口があいちゃってる!

見て～!
サカナみたいに
なってきたよ

なんだ!?
これは!

process 8　HARUTA　持ちやすいように ケースにモールを

お父さんのアイディアで、持ちやすいように
モールをつけることに。色にもこだわります。

何色も使ってマー
ブル柄にしたねん
どを、ヘラでカッ
ト。これはいった
い何の部分?

process 9　TARO　ヘラを使って半分にカット

process 10　HARUTA　ヘラで模様をつけよう

お兄ちゃんのヘラ使いに触発さ
れた春太君も、ヘラで線を入れ
てもようをつけてみることに。

process **11** HARUTA 口を作ってみよう

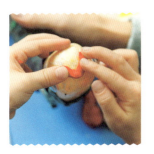

ケースの先端に、
棒状にした赤のね
んどを貼りつけて
口に。ニッコリ！

コケみたいな
色できたよ

春太君はヘラでの作業を続行中。
太朗くんは、細かなパーツをひ
たすらくっつけていく。

process **12** TARO HARUTA それぞれ 仕上げ作業開始

CONGRATULATION!

✳ ✦ ✳
完成!!
✦ ✦

バナナケースと
しても使えるよ

作り終わったあとは……

process **TARO**
13 人形をくっつけて…

人形を背中にのせて探検中。人形の背中にのせたオレンジの物体はガスボンベなんだって。

process **HARUTA**
14 釣りざおをくっつけて

家にあった棒にヒモをつけて、釣りざおに。お父さんのひざの上で釣りゲームスタート！

comment
太朗くんの感想

最初は何も思いつかなかったけど、ヘラの形を活かして恐竜にしたよ。マーブル柄を作るのがおもしろかった。

comment
春太くんの感想

大好きなサカナをカッコよく作れてうれしかった〜。早くこれでアニとサカナ釣りして遊びたい。

今度は3DSケースとカバの貯金箱にねんどを盛りつけよう

Part 2

NINTENDO 3DS CASE

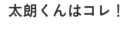

2作品目は、お気に入りのものを
チョイス！ 太朗くんは3DSケー
ス、春太君は貯金箱で挑戦。

COIN BANK

太朗くんはコレ！

春太くんはコレ！

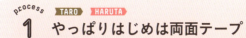

process **1** TARO HARUTA
やっぱりはじめは両面テープ

まずはふたりそろって、両面テープを貼りつける作業から。慣れてきたのかすぐにできました！

片桐家の愛犬
モモちゃん
（17歳）

process **2** TARO HARUTA
次に目をつけてみよう！

何を作りたいか思いつかないときは、目をつけるのが吉。サイズは厳選して。

process 3 `TARO` `HARUTA`
次にねんどをこねこね

お父さん！　見て！
キレイなオレンジ

ねんどをこねこね
して好きな色を作
る。春太君、テン
ションがあがって
きたみたい！

process 4 `TARO`
うすくのばすのもアリ！

太朗くんは、手の
つけ根の部分で一
気にのばしてから
盛る作戦に。作業
効率アップ。

process 5 TARO → HARUTA ねんどを盛りつけよう

ねんどのかたまり
ごと自由に盛りつ
けていく春太くん。
ビタミンカラーで
鮮やかに。

海をイメージした色のねんどを次々作る太朗
くんに、「アニ、すご〜い!」と春太君大興奮。

ねんどをコロコロ
させずに、うすく
のばしてからヒモ
状に。マーブル模
様がキレイ。

ここに貼って
みれば？

細いヒモを2本合わせて1本
にする繊細な作業。色の組み
合わせにもこだわります。

一方、春太君はお兄ちゃんを
意識して太いヒモを作成中。
何のパーツになるのかな？

process **6** TARO
うすくのばしてヒモを作る

process **7** TARO
2つあわせてねじねじに

process **8** HARUTA
おにいちゃんに負けないくらい太いヒモを！

72

process
9 TARO

ヘラを使って
ヒモを貼りつけよう

ヘラを使って、角度をつけながら貼りつけていく。これは3DSの「3」かな？

process
10 TARO

海の生き物を作って
デコレーション

オレンジのねんどでカニを作る。ケース全体を海に見立てたダイナミックな作品になる予感！

他にも作った海の生物をどこに貼りつけるかパパと相談中。

process
11 HARUTA

小さなつぶつぶを
たくさんつけてデコレーション

いろんな色で小さなつぶつぶを作って盛りつけていく。トンガリ帽子みたいでかわいい！

Congratulation!

✳ 完成 !! ✳

3DS本体に
つければ
ゲームも

74

とっておきの作品ができたね!!

太朗くんの感想

愛用中のケースにねんどを
貼るのは抵抗があったけど、
海洋生物をたくさん作った
らかっこよく仕上がって満足

春太くんの感想

カバの貯金箱を、今度はサ
カナ型の船にしたよ! 上
にはいっぱい人間が乗って
るの。楽しそうでしょ?

TARO KATAGIRI'S WORK

マンタやイルカが
大海原を泳ぐ

" **海の仲間たち** "

細かいところまで丁寧に作られた海
の生物たちに注目。色の組み合わせ
にセンスを感じる作品。

ガスボンベを背負って
危険に立ち向かう！

" **ドラゴン** "

大きな目に長いしっぽがまるでクリ
ーチャーのよう。背中にはドラゴン
を退治しようとする人間の姿が！

HARUTA KATAGIRI'S WORK

温泉に入って
極楽、極楽〜♪

" **温泉船** "

大きな船の上には、なんと温泉が！
たくさんの人たちがぷかぷかとのん
びり湯船につかってる！

ドット柄と太い眉毛が
キュート

" **カラフルフィッシュ** "

ドット柄のウロコとにっこり笑った
口が、春太くんの明るい性格をあら
わしています。

おわりに

　ねんどって、作りたいものがはっきり決まっていなくっても、たとえ不器用でも、こねこねさわっているとなんとなく何かができちゃう。そのゆるさが楽しいですよね。

　「雨の日に家でやることがない」「子どもと工作遊びをしたい」と思ったときには、この本を思い出して好きなページをめくってみてください。

　ねんどが、家族をむすぶコミュニケーションの道具になることを願っています。

片桐 仁

かたぎりじん／コメディアン、俳優、粘土造形作家。1973年、埼玉県生まれ。多摩美術大学時代に小林賢太郎とお笑いコンビ「ラーメンズ」を結成。以降、舞台、映画、ドラマなどで幅広く活躍中。著書に、『粘土道 完全版』(講談社)や、『おしり2 ラーメンズ片桐仁のおしえて何故ならしりたがりだから』(東京ニュース通信社)などがある。

撮　影	黒澤義教
編　集	髙田真莉絵
編集協力・スタイリング	新谷麻佐子、首藤和香子
装丁	平塚兼右(PiDEZA Inc.)
本文デザイン	平塚恵美、矢口なな、鈴木みの理、謝明哲、長谷愛美(PiDEZA Inc.)

＊本書は「kodomoe」2014年4、8月号、2015年6月号〜2016年2月号掲載の連載ページに撮りおろしを多数
　加え、再構成したものです。

親子でねんど道

2016年5月2日　初版発行

著　者	片桐仁　©Jin Katagiri 2016
発行人	酒井俊朗
発行所	株式会社　白泉社
	〒101-0063　東京都千代田区神田淡路町2-2-2
	電話　03-3526-8060(編集) 03-3526-8010(販売) 03-3526-8020(制作)
印刷・製本	図書印刷株式会社

kodomoe web　　http://www.kodomoe.net
白泉社ホームページ　　http://www.hakusensha.co.jp
HAKUSENSHA　Printed in Japan　　ISBN 978-4-592-73284-6